L'MBTI

Come la conoscenza del vostro tipo di personalità può aiutarvi

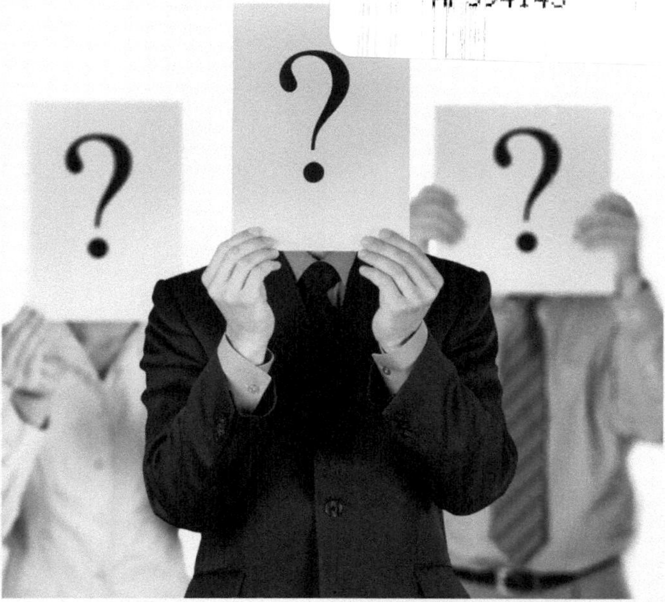

50MINUTES.com

L'MBTI

Come la conoscenza del vostro tipo di personalità può aiutarvi

scritto da Benjamin Fléron
tradotto par Sara Rossi

50MINUTES.com

L'MBTI

- **Qual è il problema?** Come realizzarsi professionalmente identificando i tratti dominanti della propria personalità con l'MBTI?

- **Perché è utile?** L'MBTI può aiutarvi a orientare la vostra carriera nella giusta direzione, a circondarvi delle persone giuste e a migliorare la comunicazione e le relazioni professionali.

- **Contesto professionale?** Relazioni professionali, risorse umane, gestione della carriera, sviluppo personale, cultura aziendale, lavoro di gruppo.

- **FAQ?**

  - Non mi sento realizzato professionalmente, l'MBTI può aiutarmi?

  - Il mio stile di gestione non funziona con tutti i miei dipendenti. Come posso utilizzare l'MBTI per adattare la mia leadership?

  - Non mi riconosco nel profilo psicologico assegnatomi dall'MBTI, devo preoccuparmi?

  - Sono un selezionatore e non riesco a decidere tra due candidati. Posso affidarmi all'MBTI per risolvere il mio problema?

  - Il risultato è definitivo o può cambiare nel tempo?

  - Il mio lavoro mi piace, ma secondo il mio profilo psicologico non è adatto a me. Devo cambiare?

In un mondo professionale sempre più competitivo, in cui i candidati sono più numerosi delle posizioni da occupare e in cui la pressione sulle prestazioni non è mai stata così forte, gli errori non sono più ammessi. Infatti, sia per i datori di lavoro alla ricerca della perla rara che per i lavoratori alla ricerca del lavoro ideale, commettere un errore nella scelta dell'assunzione o dell'orientamento professionale può essere disastroso. E se l'MBTI potesse aiutare a ridurre questo rischio?

Con quasi due milioni di utenti ogni anno, l'MBTI è il test psicologico più diffuso al mondo. L'MBTI è un semplice questionario di 88 domande, ideato per identificare le modalità di funzionamento preferite di un individuo. Una volta completato il modulo, ai partecipanti viene assegnato uno dei 16 profili psicologici, ognuno dei quali corrisponde a un diverso modo di percepire il mondo e di affrontare gli eventi quotidiani.

Molte persone si sottopongono a questo test semplicemente per curiosità, per verificare l'accuratezza del proprio giudizio o semplicemente per conoscere meglio se stesse. Ma lungi dall'essere confinato alla sfera privata, l'MBTI viene regolarmente utilizzato anche sul posto di lavoro: un selezionatore che non riesce a decidere tra due candidati; un capo che si chiede come migliorare le proprie capacità di leadership; un dipendente che si trova a un bivio e che esita a mettersi in proprio; o un futuro studente preoccupato di seguire il corso sbagliato. Tutti questi individui diversi sono tuttavia simili sotto un aspetto: sono tutti potenziali utenti dell'MBTI. Ma cosa ha da offrire di così speciale? Grazie a questo opuscolo, scoprite tutti i segreti di questo test di fama mondiale.

L'ABC DELL'UTILIZZO DELL'MBTI

UN PO' DI STORIA

Il contributo di Jung...

Tutto ebbe inizio nei primi anni Venti, quando lo psichiatra svizzero Carl Gustav Jung (1875-1961) concettualizzò la sua teoria dei tipi psicologici nella sua opera fondamentale *Psychological Types* (1921). Egli ha avanzato l'idea che il comportamento di ogni essere umano dipende dalla sua interpretazione degli eventi che si verificano nella sua vita e delle situazioni che gli si presentano. Questa griglia di lettura è organizzata su tre assi divisi in due poli opposti:

- l'origine della nostra fonte di energia e del nostro dinamismo tra Extraversione (**E**) e Introversione (**I**);

- il nostro modo di raccogliere informazioni tra Intuizione (**N**) e Sensazione (**S**);

- Il modo in cui prendiamo le decisioni si divide tra *Pensiero* (**T**) e *Sentimento* (**F**).

... alla creazione dell'MBTI

Successivamente, nel 1943, le americane Katherine Cook Briggs (1875-1968) e Isabel Briggs Myers (1897-1980), rispettivamente madre e figlia, svilupparono la prima versione dell'*indicatore di tipo Myers-Briggs*, meglio conosciuto come MBTI, sulla base del concetto stabilito da Jung. Hanno ripreso le preferenze di Jung e hanno identificato un quarto asse, Giudizio (**J**) contro Percezione (**P**), che definisce il nostro modo di agire. Pertanto, la nostra personalità e il nostro modo di funzionare dipenderebbero dalla nostra preferenza (si tratta di una tendenza naturale e non di una scelta consapevole) per una delle due possibili risposte a queste domande fondamentali.

LA SCOPERTA DEI 16 PROFILI

La conoscenza delle vostre quattro preferenze vi fornirà il vostro tipo psicologico. In combinazione, l'MBTI stabilisce 16 diversi profili.

Una volta assegnato il vostro tipo di personalità, vi verranno fornite qualità e difetti, punti di forza e di debolezza (chiamati rispettivamente "zone di comfort" e "zone di sforzo"), stili di funzionamento preferiti e tratti caratteriali primari o secondari relativi al vostro profilo. Infine, vi verranno consigliati alcuni settori di attività corrispondenti alle vostre capacità e tendenze naturali.

Per dare un assaggio delle diverse caratteristiche attribuite a ciascuno dei 16 tipi, vengono qui fornite brevi descrizioni. Questi sono tutt'altro che esaustivi e sono inclusi in questo libro solo a scopo informativo. L'analisi dei profili è in realtà molto più complessa. Inoltre, la sola lettura di queste descrizioni non è sufficiente per identificare il vostro tipo; solo il test può farlo.

- Gli **ISTJ** prendono molto sul serio le loro responsabilità e i loro doveri. Ascoltano gli altri, accettano bene le critiche costruttive e sanno gestire le situazioni di conflitto. Tuttavia, tendono a credere di avere sempre ragione, hanno difficoltà a mostrare empatia o affetto e di conseguenza possono apparire rigidi.

- Poco sentimentale, l'**ISTP** è bravo ad analizzare le situazioni, è interessato al funzionamento delle cose, ama imparare a usare nuovi strumenti tecnici o tecnologici ed è più orientato ai risultati che alla teoria. Si annoiano rapidamente e hanno bisogno di azione.

- L'**ISFJ** è caloroso e amichevole. A loro piace essere al servizio e compiacere gli altri, anche se non prestano sufficiente attenzione alle proprie esigenze. Hanno inoltre eccellenti capacità organizzative. D'altro canto, non accettano bene le critiche, rifuggono dai conflitti e hanno difficoltà a dire "no".

- Gli **ISFP** sono sensibili all'ambiente e in genere mostrano una grande empatia, che esprimono attraverso azioni concrete. I valori personali sono importanti per loro: rispettano gli impegni presi e cercano di costruire relazioni durature con gli altri. Sebbene appaia ottimista e rilassato, a volte manca di fiducia e non si sente a suo agio nel parlare in pubblico. Tende a vivere nel presente piuttosto che proiettarsi nel futuro.

- L'**INTJ** è descritto come un pensatore analitico che è in grado di mettere in pratica le strategie che ha accuratamente sviluppato. Pragmatico e sicuro di sé, è generalmente un buon leader, anche se a volte un po' troppo individualista. Non si preoccupa dei conflitti o delle critiche; risponderà con argomentazioni logiche. Pertanto, vede le sue relazioni in modo razionale prima di considerare l'aspetto emotivo. Fedele agli amici, può avere difficoltà a esprimere le proprie emozioni.

- Curioso, l'**INTP** ama imparare e in genere produce idee originali, ma non si sente a proprio agio nella loro attuazione. Preferiscono un'analisi logica delle situazioni e apprezzano l'esperienza piuttosto che l'apprendimento diretto sul lavoro. Sono autonomi e preferiscono lavorare da soli piuttosto che in gruppo, dove potrebbero non sentirsi a proprio agio. In questo senso, può apparire freddo e talvolta persino ferire gli altri con le sue critiche.

- Gli **INFJ** sono calmi, diplomatici, premurosi e si preoccupano dei sentimenti di chi li circonda. Cercando costantemente di mantenere le loro relazioni sulla strada giusta, saranno riservati in caso di tensione, non esitando a evitare il conflitto. Molto esigente con gli altri e con se stesso, ha difficoltà ad accettare le critiche.

- L'**INFP** apprezza gli altri e può essere di grande sostegno a chi lo circonda. Comprendono e rispettano la libertà e l'individualità degli altri. Sono flessibili e si adattano facilmente a nuovi ambienti. Tuttavia, la loro natura timida e riservata può renderli difficili da avvicinare, e per una buona ragione: non amano che le persone invadano il loro spazio privato.

- L'**ESTJ** è ottimista, amichevole e affidabile. Preferisce risolvere i conflitti piuttosto che fuggire da essi.

Hanno l'esigenza di guidare e prendono molto sul serio i loro impegni. Amano il lavoro di squadra, ma possono essere impazienti e offensivi con le persone che ritengono inefficienti e negligenti.

- Gli **ESTP** amano correre rischi (calcolati). Vivono nel presente e nell'azione e rimangono aperti alle opportunità. Socievoli e convincenti, sanno vendere se stessi e le loro idee, ma mancano di visione a lungo termine e di stabilità negli impegni.

- L'**ESFJ si** concentra principalmente sul mondo esterno. È cordiale, amichevole, generalmente popolare e interessato al benessere delle persone e alla loro opinione su di lui. Pur essendo generoso, si aspetta un certo riconoscimento in cambio e ha un grande bisogno di affetto. Temono i cambiamenti e si sentono più sicuri in un ambiente familiare.

- Spontanei ma talvolta impulsivi, gli **ESFP** vivono nel presente e amano sperimentare cose nuove. Hanno un carattere caloroso e sono a loro agio nei rapporti interpersonali. Sono anche molto attenti. Tuttavia, spesso mancano di rigore, soprattutto nei compiti quotidiani che non li interessano.

- L'**ENTJ** ha una naturale tendenza al comando. Desiderosi di prendere decisioni importanti, spesso si pongono come leader. Sono motivati, dinamici, sicuri di sé e volitivi. Possono essere intolleranti nei confronti degli altri e non sempre rispondono alle loro esigenze.

- Aperto al mondo, l'**ENTP** ha un desiderio costante di capire tutto, di imparare e di innovare. Sono bravi ad analizzare le persone e quindi a sviluppare relazioni. Amano fare le cose a modo loro, ma a volte possono essere freddi, schietti e sgarbati.

- Gli **ENFJ** hanno grandi capacità interpersonali: capiscono le persone e le aiutano a dare il meglio di sé. Il suo lato leale e amichevole può portarlo a essere soffocante e iperprotettivo. Sono molto sensibili ai conflitti e cercano di evitarli il più possibile.

- L'**ENFP** è ottimista, spontaneo e creativo. Sono orientati al cambiamento e si annoiano rapidamente della routine. Sono anche in grado di anticipare e rispondere alle esigenze di coloro che li circondano, che svolgono un ruolo importante per il loro benessere.

Se desiderate saperne di più sui diversi profili, gli opuscoli riassuntivi che descrivono in dettaglio le caratteristiche di ciascuno dei 16 tipi sono disponibili per l'acquisto presso OPP, l'editore europeo dell'MBTI, all'indirizzo https://www.opp.com/fr-BE/tools/MBTI/MBTI-materials. Se non volete pagare, sappiate che alcuni siti offrono questo servizio gratuitamente, ma a un prezzo diverso: non essendo accreditati dall'organismo ufficiale, non offrono alcuna garanzia sull'affidabilità delle loro informazioni. Quindi fate attenzione.

APPLICAZIONI PRATICHE SUL POSTO DI LAVORO

Che siate ancora studenti o già occupati, cacciatori di teste o aspiranti tali, manager di una grande azienda o capi di una piccola PMI, ci sono molti motivi per interessarsi all'MBTI.

- **Orientamento alla carriera o allo studio.** Quando intraprendono gli studi superiori, molti giovani si interrogano, esitano e finiscono per prendere la direzione sbagliata. Sebbene non sia ovviamente una "polizza assicurativa a tutti i rischi", l'MBTI può aiutare questi studenti suggerendo i settori professionali in cui potrebbero prosperare in base alla loro personalità. Non è un caso che i consulenti di orientamento utilizzino sempre più spesso questo strumento per sostenere gli adolescenti. Allo stesso modo, anche i lavoratori che si sentono fuori posto nel loro attuale lavoro e hanno la sgradevole impressione di aver intrapreso un percorso di carriera sbagliato, possono trovare delle vie di riqualificazione attraverso questo strumento. Per esempio, un giovane a cui viene attribuito il tipo ENFJ farebbe bene a prendere in considerazione l'insegnamento o le scienze politiche nella scelta degli studi. Appassionati, carismatici e altruisti, gli ENFJ sono modelli perfetti. Ispirano rispetto e ammirazione e sono eccellenti comunicatori- . Sono qualità che si ritrovano nei migliori insegnanti e nei grandi politici. Barack Obama (44e presidente degli Stati Uniti, nato nel 1961), Ronald Reagan (40e presidente degli Stati Uniti, 1911-2004) e François Mitterrand (21e presidente francese, 1916-1996) sono, ad esempio, tutti e tre ENFJ.

- **Selezione del candidato giusto.** In un'epoca in cui ogni annuncio di lavoro scatena una marea di candidature, non è sempre facile scegliere la persona giusta. In termini di competenze tecniche, i candidati sono talvolta più che qualificati per il lavoro, ma che dire della loro personalità? Corrisponde all'immagine dell'azienda? Corrisponde alla posizione disponibile? È difficile esserne certi dopo un semplice colloquio. Chiedendo ai candidati di sottoporsi al test MBTI, i selezionatori hanno una possibilità in più di scegliere il dipendente giusto.

- **Adattare la comunicazione e la gestione ai propri dipendenti.** Due persone diverse non reagiranno allo stesso modo a un'osservazione identica. Per esempio, mentre alcune persone possono apprezzare di essere state messe alle strette e dare poi il meglio ci sé, altre si chiudono come ostriche e si dimostrano completamente improduttive e inefficaci dopo un forte rimprovero. Chiedendo ai vostri dipendenti di giocare al gioco dell'MBTI, sarete in grado di identificare più facilmente le modalità di funzionamento di ogni persona e imparerete ad adattare il vostro metodo di gestione al vostro interlocutore per far emergere tutto il suo potenziale.

- **Sviluppare la coesione del team.** Avete mai notato che alcune persone non riescono a lavorare efficacemente insieme, mentre altre si completano perfettamente? Individui con temperamenti opposti possono avere difficoltà a produrre un lavoro di qualità quando sono in contatto quotidiano tra loro, mentre altri hanno personalità complementari che permettono loro di sfruttare al meglio le rispettive qualità. Conoscendo i diversi profili MBTI dei vostri dipendenti, metterete fine alle associazioni infruttuose e vi darete i mezzi per costruire team efficaci e produttivi. In questo modo, una persona iper-emotiva non dovrà più fare i conti con l'apertura dei colleghi insensibili, oppure chi è più bravo a sviluppare piani d'azione ma ha difficoltà a metterli in pratica potrà contare su un collega più pratico.

I LIMITI DEL SISTEMA

L'utilizzo dell'MBTI a fini professionali può quindi essere una buona idea sotto molti aspetti. Tuttavia, è importante essere consapevoli dei limiti di questo metodo, che non è infallibile e ha i suoi difetti. Molti membri della comunità scientifica sono pronti a sottolineare queste carenze. Ad esempio, nel suo studio intitolato "Let's test the tests", la Neoma Business School (Francia) si interroga sull'influenza della personalità sul comportamento sul lavoro, che in definitiva dipenderebbe più dal contesto. Il giornalista scientifico americano Joseph Stromberg non è più positivo nel suo articolo intitolato "Why the Myers-Briggs Test is Totally Meaningless" (Perché il test Myers-Briggs è totalmente privo di significato), sottolineando la mancanza di ricerche serie sull'argomento, la natura indifferenziata delle scelte di risposta e la versatilità dei risultati che possono variare da una settimana all'altra.

- **Le condizioni in cui l'individuo si sottopone all'MBTI possono influenzare le sue risposte.** Una persona in cerca di lavoro che si sottopone al test su esplicita richiesta di un selezionatore non sarà ovviamente nelle migliori condizioni possibili per rispondere alle domande. Lo stress insito in una situazione del genere, la paura di rispondere "male", il desiderio di compiacere i selezionatori, ecc. sono tutti elementi che possono influenzare i risultati finali e portare a un'analisi errata e, quindi, a un profilo errato.

- **La possibilità di non rispondere ad alcune domande può falsificare i risultati.** Sebbene si raccomandi di rispondere il più possibile a tutte le 88 domande del test, è consentito lasciare in bianco alcune voci quando nessuna delle opzioni proposte sembra essere adatta. Tuttavia, un numero eccessivo di omissioni si tradurrà in un'analisi inconcludente basata su prove troppo scarse.

- **L'essere umano è plurale e complesso per definizione.** I diversi tipi di personalità proposti dall'MBTI sono altrettante chiavi di lettura che possono aiutarci a conoscere meglio noi stessi e a scoprire il nostro modo principale di funzionare. Tuttavia, è importante tenere presente che gli esseri umani sono molteplici e mutevoli per natura, e che il modo in cui interpretano e interagiscono con le cose non rimarrà necessariamente lo stesso da un giorno all'altro. Diversi fattori esterni possono influenzare di volta in volta le nostre azioni e la nostra percezione degli eventi: una serata eccellente trascorsa la sera prima, lo stress, la malattia, la perdita di una persona cara, un licenziamento, ecc.

- **La validità scientifica dell'MBTI è ancora da dimostrare.** Sebbene l'MBTI sia presentato come un test psicologico, né Katherine Cook Briggs né Isabel Briggs Myers avevano una formazione in psicologia. Inoltre, il concetto junghiano di tipi psicologici è stato sviluppato in un'epoca in cui la disciplina non era ancora considerata una scienza empirica, che richiedeva esperimenti oggettivi e verificabili. Pertanto, le teorie di Jung si basavano più su una serie di riflessioni personali che su dati scientifici concreti.

- **L'MBTI può essere proibitivo.** Internet è pieno di siti che offrono versioni gratuite dell'MBTI, ma l'unica versione affidabile si trova sul sito dell'OPP e non è disponibile gratuitamente. Sia che vogliate seguire un corso di formazione per diventare un esperto certificato, sia che vogliate partecipare a un seminario sull'applicazione dell'MBTI, sia che vogliate semplicemente acquistare questionari, griglie di risposta, ritratti individuali o risorse aggiuntive, dovrete mettere mano al portafogli.

I MIGLIORI CONSIGLI

- **Tenete presente che non esistono tipi di personalità buoni o cattivi.** Che siate INTP, ENFJ o ISTJ, non partite con più o meno possibilità nella vita rispetto a chi ha una diagnosi diversa. Non siate inutilmente colpevoli. Ogni tipo ha i suoi punti di forza e di debolezza, le sue risorse da sfruttare e le sue aree di miglioramento. Per esempio, di fronte a un compito lungo e di routine, gli individui classificati come ENFP possono, secondo l'MBTI, avere difficoltà a mantenere la concentrazione per molto tempo. D'altra parte, tendono a essere eccellenti comunicatori e a possedere un'intuizione elevata.

- **Essere consapevoli dei limiti del modello.** Se i risultati indicano INTJ, non significa che la vostra personalità sia necessariamente perfetta per questo profilo. Siamo più di sette miliardi, tutti provenienti da contesti diversi e con esperienze diverse. È quindi impensabile che ognuno di noi possa rientrare interamente in uno dei 16 modelli stabiliti da Myers e Briggs. Non stupitevi quindi se non vi riconoscete in uno dei punti del vostro profilo. Chiedetevi se è possibile che stiate percorrendo la strada sbagliata, chiedete il parere di chi vi sta intorno, se necessario, e se non siete ancora convinti, fidatevi di voi stessi: siete ancora la persona più adatta a sapere chi siete veramente. L'MBTI è solo un aiuto per la comprensione di sé, ma non contiene la verità assoluta.

- **Siate il più onesti possibile nelle vostre risposte.** Affinché l'esperienza sia proficua e conclusiva, è indispensabile che rispondiate senza barare, in base a chi pensate di essere realmente e non a chi vorreste essere o a chi pensate corrisponda alle aspettative dei potenziali reclutatori. Non esistono profili migliori di altri, basta essere se stessi e assumersi le proprie responsabilità.

- **Non procrastinate la risposta.** Man mano che il test procede, probabilmente vi troverete a esitare tra due risposte che vi sembrano accettabili. Non esitate troppo e scegliete semplicemente quello che vi viene in mente, quello che vi sembra più naturale. E se proprio non riuscite a decidere, non rispondete! Tuttavia, cercate di non saltare troppe domande, altrimenti il numero di elementi sarà troppo esiguo per tracciare un profilo affidabile e valido della vostra persona.

- **Bandite le versioni fantasiose e non ufficiali.** Molti siti web offrono test MBTI gratuiti, ma di solito si tratta di versioni poco affidabili. In Francia e in Belgio, l'editore ufficiale dell'MBTI è OPP, quindi non lasciatevi ingannare da test fasulli o da formatori MBTI non certificati. Per avere la certezza che i risultati siano validi e affidabili, optate per la versione ufficiale gestita da esperti certificati.

- **Non presentare l'MBTI come un test, ma come un questionario o un indicatore.** Se intendete sottoporre i vostri dipendenti o candidati a un test MBTI, assicuratevi che non abbiano l'impressione di sostenere un esame per il quale vengono valutati, perché questo falserebbe i risultati. Lo stress, la paura di sbagliare o la paranoia per le intenzioni immaginarie che si celano dietro ogni domanda potrebbero compromettere l'affidabilità dei profili. È quindi essenziale creare un clima favorevole per mettere i candidati nelle migliori condizioni possibili.

- **Tenete presente che le personalità sono più sfumate di quanto non sembri.** Il fatto che il vostro dipendente sia stato etichettato come ISFP non significa che abbia necessariamente tutti i tratti inerenti a quel tipo di personalità, o che non presenti anche caratteristiche più comunemente attribuite agli INFP o agli ESFP. La linea di demarcazione tra due tipi di personalità è a volte molto sottile e il risultato può dipendere da una risposta esitante a una domanda vaga. Pertanto, evitate giudizi affrettati basati su queste quattro lettere, che lasciano poco spazio alle sfumature, e date almeno altrettanta importanza alle percentuali visualizzate accanto alle altre t pologie.

FAQ

NON MI SENTO REALIZZATO PROFESSIONALMENTE, L'MBTI PUÒ AIUTARMI?

L'MBTI può aiutarvi in molti modi diversi. A seconda del tipo psicologico che vi viene assegnato al termine del test, vi verrà proposta una serie di settori professionali in cui una personalità come la vostra è in grado di prosperare. Per esempio, gli INFP, che sono noti per essere artisti nel cuore, saranno spesso indirizzati verso professioni che enfatizzano la creatività: scrittori, giornalisti, musicisti, grafici, designer, ecc.

Se il problema è più relazionale, se vi piace il vostro lavoro ma non riuscite a trovare un terreno comune con alcuni colleghi, l'MBTI vi aiuterà a identificare meglio i meccanismi interni che possono bloccare il vostro rapporto con loro. Una volta identificati questi problemi, la loro risoluzione sarà logicamente facilitata. Ad esempio, se avete un tipo di personalità noto per la sua spiccata sensibilità, non sorprende che abbiate difficoltà ad andare d'accordo con i vostri colleghi più diretti e distanti. Essere consapevoli di questo vi aiuterà a sistemare le cose con loro.

IL MIO STILE DI GESTIONE NON FUNZIONA CON TUTTI I MIEI DIPENDENTI. COME POSSO UTILIZZARE L'MBTI PER ADATTARE LA MIA LEADERSHIP?

Dipendenti diversi hanno personalità diverse e quindi modi di lavorare diversi. Non sorprende quindi che non si ottengano i risultati desiderati se non si adatta il proprio stile di gestione alla persona con cui si ha a che fare. Conoscendo i modelli comportamentali di tutti i vostri dipendenti, scoprirete anche come adattare la vostra comunicazione a ciascuno di loro per trasmettere i vostri messaggi in modo fluido.

Pertanto, non ci si rivolge a un ENTP nello stesso modo di un ISFJ. Il primo è uno specialista delle domande, che vive di discussioni appassionate e non apprezza di essere menato per il naso quando ha qualcosa da dire. Siate sinceri con lui, perché non si aspetta di essere risparmiato e non è uno che prende la via d'uscita facile quando parla. Un ISFJ di solito trova difficile valorizzare se stesso, e non è raro che una personalità più assertiva si prenda il merito che sarebbe dovuto andare a lui. Tuttavia, se non sono mai orgogliosi della qualità del loro lavoro, ciò non significa che non vogliano essere riconosciuti per il loro lavoro. Affinché diano il meglio di sé, è quindi essenziale far capire loro che i loro sforzi, lungi dal passare inosservati, sono particolarmente apprezzati. Imparando a gestire le personalità dei vostri dipendenti, guadagnerete in leadership e in produttività.

NON MI RICONOSCO NEL PROFILO PSICOLOGICO ASSEGNATOMI DALL'MBTI, DEVO PREOCCUPARMI?

Niente panico, le spiegazioni possono essere diverse:

- non si è svolto il test in condizioni ottimali e si è stati stressati da una questione professionale come un'opportunità di lavoro o disturbati da qualche evento (morte, malattia, ecc.);

- non sapendo sempre quale opzione scegliere, non avete risposto a un numero sufficiente di domande per fornire dati rilevanti, il che rende i risultati inaffidabili;

- come tutti gli esseri umani, avete una personalità complessa, ambigua e talvolta mutevole. Pertanto, non interpretate lo stesso tipo di evento e di situazione nello stesso modo, giorno dopo giorno, in modo robotico. Così come gli elementi esterni, una tantum, possono influenzare le vostre risposte nel test, possono anche influenzare il vostro comportamento in un determinato momento, facendovi agire in modo diverso. Non dimenticate mai che è impensabile che sette miliardi di esseri umani siano così perfettamente categorizzabili;

- sebbene sia utilizzato in tutto il mondo e riconosciuto a livello internazionale, l'MBTI non ha valore scientifico. I diversi tipi psicologici proposti si basano più sulle riflessioni e le osservazioni personali di Jung, Briggs e Myers che su esperimenti scientifici empirici e oggettivi. Non ci sono quindi dati scientifici rilevanti che ci permettano di dire, dopo il test, che si appartiene a questo o a quel profilo.

SONO UN SELEZIONATORE E NON RIESCO A DECIDERE TRA DUE CANDIDATI. POSSO AFFIDARMI ALL'MBTI PER RISOLVERE IL MIO PROBLEMA?

L'MBTI può effettivamente essere utile in queste circostanze. Qualunque sia il lavoro che state cercando, siete ovviamente alla ricerca del candidato ideale, quello che non solo possiede le competenze tecniche richieste, ma anche la personalità che si adatta al vostro team e alla cultura aziendale. Quindi, se il lavoro richiede un carattere forte e un alto livello di resistenza allo stress, sceglierete un candidato che abbia queste capacità. Ma come si può rilevare la personalità di un individuo in pochi minuti, *soprattutto* se non si hanno conoscenze di psicologia? È qui che entra in gioco l'MBTI, che fornisce informazioni "chiavi in mano" sul temperamento dei vari candidati. A questo punto non resta che tenere quelli il cui profilo psicologico corrisponde alle vostre aspettative e scartare gli altri.

IL RISULTATO È DEFINITIVO O PUÒ CAMBIARE NEL TEMPO?

Il vostro profilo non è ovviamente definito. Proprio come la vostra personalità, può cambiare in base alle esperienze che fate, alle situazioni che incontrate e alle persone che incontrate nel corso della vostra vita. Ricordatevi quindi di fare il test regolarmente per assicurarvi che il vostro profilo psicologico non sia cambiato dall'ultima volta. In questo modo è possibile vedere dove è avvenuta esattamente la modifica. Forse siete diventati più estroversi (E), per esempio, o siete più propensi a usare i vostri sentimenti (F) quando prendete decisioni.

IL MIO LAVORO MI PIACE, MA SECONDO IL MIO PROFILO PSICOLOGICO NON È ADATTO A ME. DEVO CAMBIARE?

Non preoccupatevi! Non ammalatevi per niente pensando che potreste perdere la vostra vita professionale. Considerate l'MBTI come uno strumento da utilizzare se vi sentite fuori posto nel vostro lavoro, ma fate un passo indietro e non dategli più importanza di quanta ne meriti. Ricordate che siete sempre voi a sapere cosa vi sta bene e cosa vi piace, quindi fidatevi del vostro giudizio. Inoltre, il vostro profilo MBTI non vi rimane appiccicato addosso, nel senso che può cambiare nel tempo. Questo test non è affidabile al 100%, è impossibile dire con certezza se si è adatti o meno a una determinata professione.

STA A VOI DECIDERE!

Ora che l'MBTI non ha più segreti per voi, avete gli strumenti per utilizzarlo al meglio. Iniziate a chiedervi se questo test può aiutarvi in qualche modo, pensando ai suoi vari usi professionali. Se la risposta è sì, non esitate e fate il grande passo! Tuttavia, tenete sempre a mente i vari consigli forniti in questo libro, per non perdere i suoi potenziali vantaggi.

- Quindi, se state pensando di sottoporvi all'MBTI per le vostre esigenze, ad esempio per una riqualificazione professionale, ricordate che i risultati ottenuti e i settori di attività suggeriti rimangono solo indicazioni, consigli che siete liberi di ascoltare o meno.

- Se pensate di utilizzare questo strumento con i vostri dipendenti o con i candidati a una posizione vacante nella vostra azienda, fate in modo di circondarvi di esperti certificati dall'OPP, il detentore ufficiale dei diritti dell'MBTI, in modo da garantire l'affidabilità dei risultati.

Una volta ottenuti i dati, sta a voi utilizzarli al meglio in base ai vostri obiettivi personali!

- Siete a capo di una piccola azienda e vedete nell'MBTI un modo per migliorare le vostre capacità di leadership e di comunicazione e aumentare la produttività dei vostri dipendenti. Utilizzate i risultati per adattare il vostro discorso e rivolgetevi a un dipendente classificato come INTJ e a un altro classificato come ESTP.

- Come futuro studente con diagnosi INTJ, siete incerti su quale percorso professionale seguire, indecisi tra studi scientifici e letterari. Per aiutarvi nella scelta, consultate l'elenco delle professioni che potrebbero essere adatte a persone con una personalità simile alla vostra. Noterete che professioni come l'ingegnere e il medico sono particolarmente indicate per il vostro profilo.

PER ANDARE OLTRE

FONTI BIBLIOGRAFICHE

"16 tipi di personalità", in *16personnalities.com*, consultato il 25 ottobre 2015.
http://www.16personalities.com/fr/types-de-personnalite

ASSANTE (Stéphanie), *Les 16 grands types de personnal té*, Tolosa, Dangles, 2012.

Bounoua (Mélissa), "Le test de personnalité Myers-Briggs, utilisé dans le monde, ne rime à rien", in *Slate.fr*, luglio 2014, consultato il 22 settembre 2015.
http://www.slate.fr/story/89949/ce-test-de-personna-lite-utilise-dans-le-monde-entier-qui-ne-rime-rien

BUZAUD (Élodie), "Hai la personalità per fare carriera?", in *CadreEmploi.fr*, maggio 2015, consultato il 26 settembre 2015.
http://www.cadremploi.fr/editorial/actualites/actu-emploi/detail/article/avez-vous-la-personnalite-pour-faire-carriere.html

"Scopri l'MBTI - Myers-Briggs Type Indicator - e i suoi 16 tipi di personalità", in *16-types.co.uk*, consultato il 20 settembre 2015.
http://www.16-types.fr/index.html

"Per saperne di più sull'MBTI", in *Metamorphoses be*, consultato il 22 settembre 2015. http://www.metamorphoses.be/ressources-management-coaching-mbti-ur-67.html

Fauconnier (Flaure), "Se préparer aux tests de personnalité", in *JournalduNet.com*, luglio 2006, consultato il 22 settembre 2015.
http://www.journaldunet.com/management/0607/0607143-tests-personnalite.shtml

Fontaine (Isabelle), "L'intuizione, la personalità intuitiva e l'MBTI secondo Jung", in *Histoired'Intuition.com*, gennaio 2014, consultato il 22 settembre 2015. http://histoiredintuition.com/2014/01/10/intuition-la-personnalite-intuitive-et-le-test-du-mbti-selon-carl-gustav-jung/

Jung (Carl), *Tipi psicologici*, Ginevra, Georg, 1997.

"L'MBTI: un test molto completo dagli Stati Uniti", in *CadresOnline.com*, consultato il 22 settembre 2015.
http://www.cadresonline.com/conseils/coaching/cv-lettres-entretiens/tests-de-recrutement/detail/article/le-mbti-un-test-tres-complet-venu-des-etats-unis.html

Quenk (Naomi L.), *Essentials of Myers-Briggs Type Indicator Assessment*, 2e edizione, Hoboken (USA), Wiley, 2009.

RoDier (Anne), "Les tests de personnalité comme outils de recrutement sont remis en question", in *LeTemps.ch*, maggio 2014, consultato il 24 ottobre 2015. http://www.letemps.ch/economie/2014/05/01/tests-personnalite-outils-recrutement-remis-question

Russel (Géraldine), "Le juteux business de l'indicateur de personnalité MBTI", in *LeFigaro. fr*, agosto 2014, consultato il 22 settembre 2015.
http://www.lefigaro.fr/formation/2014/08/06/09006-20140806ARTFIG00028-le-juteux-business-de-l-indicateur-de-personnalite-mbti.php

Stromberg (Joseph), "Why the Myers-Briggs Test is Totally Meaningless" (Perché il test Myers-Briggs è totalmente

privo di significato), in *Vox.com*, ottobre 2015, visitato il 22 settembre 2015.
http://www.vox.com/2014/7/15/5881947/myers-briggs-personality-test-meaningless

"Testons les Tests!", Rouen, Cattedra Nuove Carriere della Neoma Business School, consultato il 24 ottobre 2015.
http://www.chaire.neoma-bs.fr/nouvelles-carrieres/docs/HRI3.pdf

FONTI AGGIUNTIVE

Cauvin (Pierre) e Cailloux (Geneviève), *Les types de personnalité. Les types de personnalité. Les comprendre et les appliquer avec le MBTI*, Paris, ESF éditeur, 2008.

Portale di *OPP*, distributore europeo dell'indicatore di tipo Myers-Briggs (MBTI).
https://www.opp.com/

Vogliamo sapere da voi!
Lasciate un commento sulla vostra biblioteca online
e condividete i vostri libri preferiti sui social media!

Master ISBN: 9782808608244
ISBN cartaceo: 9782808609456
Deposito legale: D/2023/12603/130

Design digitale: Primento,
il partner digitale degli editori.